# Les bons pains maison

Rebecca Pugnale, photographies de Philippe Asset

# Les bons pains maison

## Les meilleures recettes avec une machine à pain

Flammarion

# sommaire

# Faire son pain, un jeu d'enfant

Depuis quelques années, la fabrication du pain à la maison est devenue un jeu d'enfants, grâce à l'arrivée massive de machines à pain dans nos cuisines.

Nous sommes de plus en plus nombreux à être séduits par cette machine, et il n'est pas rare d'en avoir plus d'une dans certains foyers…

Que vous rêviez d'une brioche pour le petit déjeuner dominical, d'un pain de mie pour vos sandwichs ou d'un simple pain blanc pour accompagner vos repas, tout est possible en seulement quelques minutes.

Cette machine ne vous fera pas seulement du pain, mais aussi de délicieux cakes et de merveilleuses confitures.

Choisissez votre recette, la machine va mélanger, pétrir et cuire, la seule chose que vous ayez à faire est de mettre les ingrédients dans le bol et la programmer.

Bon pain et bon appétit…

## DESCRIPTION DES DIFFÉRENTS PROGRAMMES

**Programme Pain normal**

Pour des pains à base de farine blanche. Ce programme peut être aussi utilisé pour des pains à base de farine de seigle ou complète si les proportions de ces farines par rapport à la farine blanche sont inférieures à 50 %. En fin de pétrissage, la machine émettra un signal sonore qui vous permettra d'ajouter les ingrédients optionnels tels que raisins, noix, etc.

**Programme Pain complet**

Le programme commence par une phase de préchauffage des ingrédients d'environ 30 minutes et les temps de levée sont allongés. Il est conseillé pour les farines lourdes telles que les farines complètes, de seigle, d'épeautre quand le pourcentage par rapport à la farine blanche est supérieur à 50 %. Les pains à base de farines complètes seront plus denses que des pains à base de farine blanche.

**Programme Sans gluten**
**(non disponible sur toutes les machines)**

Ce programme est à utiliser exclusivement avec des préparations sans gluten ou bien à base de farines de riz, pois chiche ou maïs. Si vous n'êtes pas allergique au gluten, ce programme ne vous servira pas, il ne convient à aucune autre sorte de pain et ne peut pas remplacer un autre programme.

**Programme Pain sucré**
**(non disponible sur toutes les machines)**

Ce programme convient aux pains contenant une grande quantité de sucre. Le déroulement est le même que le pain blanc, mais la machine cuit à une température inférieure afin d'éviter que le pain ne brûle.

**Programme Pain français**

Ce programme permet d'obtenir un pain plus aéré et une croûte plus croustillante, comparable à la baguette. Les temps de levée et de cuisson sont rallongés.

**Programme Gâteau**

Ce programme est destiné seulement à la préparation des cakes sucrés ou salés à base de levure chimique.
La machine va mélanger les ingrédients et cuire les gâteaux. Il ne convient pas aux pains car il n'y a pas de phase de levée.

**Programme Confiture**

Ce programme est utilisé pour la préparation des confitures. La machine va cuire et mélanger les fruits durant toute la durée du programme.

**Programme Cuisson**
**(non disponible sur toutes les machines)**

Ce programme va vous permettre de cuire de la pâte déjà prête, ou bien de réchauffer et rendre croustillant un pain déjà cuit et ramolli qui serait resté dans la machine trop longtemps.

**Programme Pâte**

Ce programme permet de préparer toutes sortes de pâtes levées, qu'il faudra façonner manuellement et cuire au four traditionnel. Comme la pâte à pizza ou la pâte à croissant et bien d'autres.

**Programme rapide**

Ce programme permet de faire un pain en 1 heure. Le pain obtenu sera plus dense qu'un pain fait en programme normal.

## AIDE À LA RÉSOLUTION DES PROBLÈMES

**Le pain n'a pas assez levé**

• Trop de sel : le sel inhibe l'action de la levure, baissez la quantité de 1/4 de cuillerée à café.

• Pas assez de sucre : le sucre nourrit la levure et aide à la levée de la pâte, augmentez de 1 cuillerée à café.

• Levure périmée : vérifiez toujours la date de péremption.

• La levure est entrée en contact avec le sel : mettez le sel dans l'eau recouverte de la farine et la levure en dernier.

**Le pain est monté en forme de champignon**

• Trop de liquide : au bout de 10 minutes de pétrissage, la pâte doit former une petite boule souple et élastique et ne plus coller aux parois. Celles-ci doivent être propres.

• Trop de levure : baissez la quantité de levure de 1/4 de cuillerée à café pour 450 g de farine.

**Le pain présente une surface irrégulière**

• Pas assez de liquide : au bout de 10 minutes de pétrissage, la pâte doit former une petite boule souple et élastique et ne plus coller aux parois. Celles-ci doivent être propres. Si ce n'est pas le cas et qu'il reste de la farine, rajoutez de l'eau cuillerée par cuillerée pour arriver à la consistance voulue.

• Trop d'ajouts dans la pâte comme des graines ou fruits secs : évitez de trop mettre de rajout (50 à 70 g maximum de graines pour 450 g de farine).

**Le pain s'effondre et forme un cratère**

• Trop de liquide : au bout de 10 minutes de pétrissage, la pâte doit former une petite boule souple et élastique et ne plus coller aux parois. Celles-ci doivent être propres.

• Trop de sucre : baissez la quantité de sucre de 1 cuillerée à café pour 450 g de farine.

• Trop de levure : baissez la quantité de levure de 1/4 de cuillerée à café pour 450 g de farine.

## FABRICATION D'UN PAIN BLANC

*Ingrédients*

290 ml d'eau
1,5 cuillerée à café de sel
1 cuillerée à soupe de sucre en poudre
1 cuillerée à soupe de lait en poudre
15 g de beurre
450 g de farine
1,5 cuillerée à café de levure

• Retirez la cuve de la machine et placez la pale de pétrissage.

• Versez la quantité d'eau requise dans la cuve. Ajoutez le sel, le sucre, le lait en poudre et enfin le beurre.

• Mettez la farine en veillant à recouvrir toute l'eau.

• Avec le doigt, faites un puits peu profond dans la farine et ajoutez-y la levure sans la faire entrer en contact avec un autre ingrédient.

• Remettez la cuve dans la machine.

Programmez la machine : programme « Pain blanc », taille 1 kg, couleur foncée et appuyez sur START.

La pâte doit toujours avoir la même consistance au bout de 10 minutes de pétrissage quelle que soit la recette.

Une fois le programme terminé, ouvrez la machine et laissez le pain refroidir sur une grille.

# LES CLASSIQUES

# Pain français

## Ingrédients

- 290 ml d'eau
- 1 cuillerée à soupe de sucre
- 1,5 cuillerée à café de sel
- 450 g de farine T55
- 1,5 cuillerée à café de levure déshydratée instantanée

Retirez la cuve de la machine et placez la pale de pétrissage.

Versez l'eau dans la cuve. Ajoutez le sucre, le sel puis la farine, en veillant à recouvrir toute l'eau.

Faites un puits peu profond dans la farine et ajoutez-y la levure sans la faire entrer en contact avec un autre ingrédient.

Replacez la cuve dans la machine et fermez le couvercle.

Programmez la machine : programme « Pain français ». Si les options taille et couleur de croûte sont disponibles, sélectionnez taille 1 kg, couleur foncée et appuyez sur START.

Une fois le programme terminé, sortez la cuve de la machine, démoulez le pain et laissez-le refroidir sur une grille au moins 1 heure avant de le couper.

# Pain italien

## Ingrédients

- **280 ml d'eau**
- **1 cuillerée à soupe de sucre**
- **1,5 cuillerée à café de sel**
- **2 cuillerées à soupe d'huile d'olive**
- **450 g de farine T55**
- **1,5 cuillerée à café de levure déshydratée instantanée**

Retirez la cuve de la machine et placez la pale de pétrissage.

Versez l'eau dans la cuve. Ajoutez le sucre, le sel et l'huile d'olive puis la farine, en veillant à recouvrir toute l'eau.

Faites un puits peu profond dans la farine et ajoutez-y la levure sans la faire entrer en contact avec un autre ingrédient.

Replacez la cuve dans la machine et fermez le couvercle.

Programmez la machine : programme « Pain français ». Si les options taille et couleur de croûte sont disponibles, sélectionnez taille 1 kg, couleur moyenne ou foncée et appuyez sur START.

Une fois le programme terminé, sortez la cuve de la machine, démoulez le pain et laissez-le refroidir sur une grille au moins 1 heure avant de le couper.

# Pain de mie

### Ingrédients

- 100 ml d'eau
- 190 ml de lait
- 15 g de sucre
- 1,5 cuillerée à café de sel
- 30 g de beurre coupé en morceaux
- 450 g de farine T55
- 1,5 cuillerée à café de levure déshydratée instantanée

Retirez la cuve de la machine et placez la pale de pétrissage.

Versez l'eau dans la cuve puis le lait, le sucre, le sel et le beurre. Ajoutez la farine en veillant à recouvrir tout le liquide.

Faites un puits peu profond dans la farine et ajoutez-y la levure sans la faire entrer en contact avec un autre ingrédient.

Replacez la cuve dans la machine et fermez le couvercle.

Programmez la machine : programme « Pain normal », taille 1 kg, couleur moyenne ou foncée et appuyez sur START.

Une fois le programme terminé, sortez la cuve de la machine, démoulez le pain et laissez-le refroidir sur une grille au moins 1 heure avant de le couper.

# Pain complet léger

## Ingrédients

- 1 œuf
- Eau
- 1 cuillerée à soupe de sucre
- 1 cuillerée à soupe d'huile (au choix, olive, noix, noisette…)
- 1,5 cuillerée à café de sel
- 300 g de farine T55
- 150 g de farine T110 (farine complète)
- 1,5 cuillerée à café de levure déshydratée instantanée

Retirez la cuve de la machine et placez la pale de pétrissage.

Battez l'œuf en omelette, mettez-le dans un verre mesureur et complétez avec l'eau jusqu'à 310 ml (eau + œuf = 310 ml).

Versez le mélange eau/œuf dans la cuve. Ajoutez le sucre, l'huile, le sel puis les farines en veillant à recouvrir tout le liquide.

Faites un puits peu profond dans la farine et ajoutez-y la levure sans la faire entrer en contact avec un autre ingrédient.

Replacez la cuve dans la machine et fermez le couvercle.

Programmez la machine : programme « Pain normal », taille 1 kg, couleur foncée et appuyez sur START.

Une fois le programme terminé, sortez la cuve de la machine, démoulez le pain et laissez-le refroidir sur une grille au moins 1 heure avant de le couper.

# Pain de mie semi-complet

## Ingrédients

- 110 ml d'eau
- 200 ml de lait
- 15 g de sucre
- 1,5 cuillerée à café de sel
- 30 g de beurre coupé en morceaux
- 350 g de farine T55
- 100 g de farine T110 (farine complète)
- 1,5 cuillerée à café de levure déshydratée instantanée

Retirez la cuve de la machine et placez la pale de pétrissage.

Versez l'eau dans la cuve, ajoutez le lait, le sucre, le sel et le beurre. Incorporez les farines en veillant à recouvrir tout le liquide.

Faites un puits peu profond dans la farine et ajoutez-y la levure sans la faire entrer en contact avec un autre ingrédient.

Replacez la cuve dans la machine et fermez le couvercle.

Programmez la machine : programme « Pain normal », taille 1 kg, couleur foncée et appuyez sur START.

Une fois le programme terminé, sortez la cuve de la machine, démoulez le pain et laissez-le refroidir sur une grille au moins 1 heure avant de le couper.

# Pain aux céréales

## Ingrédients

- 315 ml d'eau
- 1 cuillerée à soupe de sucre
- 1,5 cuillerée à café de sel
- 150 g de farine 6 céréales et graines
- 300 g de farine T55
- 1,5 cuillerée à café de levure déshydratée instantanée

Retirez la cuve de la machine et placez la pale de pétrissage.

Versez l'eau dans la cuve. Ajoutez le sucre, le sel puis les farines, en veillant à recouvrir toute l'eau.

Faites un puits peu profond dans la farine et ajoutez-y la levure sans la faire entrer en contact avec un autre ingrédient.

Replacez la cuve dans la machine et fermez le couvercle.

Programmez la machine : programme « Pain normal », taille 1 kg, couleur foncée et appuyez sur START.

Une fois le programme terminé, sortez la cuve de la machine, démoulez le pain et laissez-le refroidir sur une grille au moins 1 heure avant de le couper.

# Pain de campagne

### Ingrédients

- 300 ml d'eau
- 1 cuillerée à soupe de sucre
- 1,5 cuillerée à café de sel
- 380 g de farine T55
- 35 g de farine de seigle type T130
- 35 g de farine T110 (farine complète)
- 1,5 cuillerée à café de levure déshydratée instantanée

Retirez la cuve de la machine et placez la pale de pétrissage.

Versez l'eau dans la cuve. Ajoutez le sucre, le sel et les farines, en veillant à recouvrir toute l'eau.

Faites un puits peu profond dans la farine et ajoutez-y la levure sans la faire entrer en contact avec un autre ingrédient.

Replacez la cuve dans la machine et fermez le couvercle.

Programmez la machine : programme « Pain français ». Si les options taille et couleur de croûte sont disponibles, sélectionnez taille 1 kg, couleur foncée et appuyez sur START.

Une fois le programme terminé, sortez la cuve de la machine, démoulez le pain et laissez-le refroidir sur une grille au moins 1 heure avant de le couper.

# Pain de seigle

### Ingrédients

- 315 ml d'eau
- 1 cuillerée à soupe de sucre
- 1,5 cuillerée à café de sel
- 360 g de farine T55
- 90 g de farine de seigle type T130
- 1,5 cuillerée à café de levure déshydratée instantanée

Retirez la cuve de la machine et placez la pale de pétrissage.

Versez l'eau dans la cuve. Ajoutez le sucre, le sel et les farines en veillant à recouvrir toute l'eau.

Faites un puits peu profond dans la farine et ajoutez-y la levure sans la faire entrer en contact avec un autre ingrédient.

Replacez la cuve dans la machine et fermez le couvercle.

Programmez la machine : programme « Pain normal », taille 1 kg, couleur foncée et appuyez sur START.

Une fois le programme terminé, sortez la cuve de la machine, démoulez le pain et laissez-le refroidir sur une grille au moins 1 heure avant de le couper.

# Pain de son

### Ingrédients

- 315 ml d'eau
- 1 cuillerée à soupe de sucre
- 1,5 cuillerée à café de sel
- 20 g de son de blé
- 380 g de farine T55
- 70 g de farine T110 (farine complète)
- 1,5 cuillerée à café de levure déshydratée instantanée

Retirez la cuve de la machine et placez la pale de pétrissage.

Versez l'eau dans la cuve. Ajoutez le sucre, le sel, le son de blé puis les farines en veillant à recouvrir toute l'eau.

Faites un puits peu profond dans la farine et ajoutez-y la levure sans la faire entrer en contact avec un autre ingrédient.

Replacez la cuve dans la machine et fermez le couvercle.

Programmez la machine : programme « Pain normal », taille 1 kg, couleur foncée et appuyez sur START.

Une fois le programme terminé, sortez la cuve de la machine, démoulez le pain et laissez-le refroidir sur une grille au moins 1 heure avant de le couper.

# Pain au sésame

## Ingrédients

- 290 ml d'eau
- 1 cuillerée à soupe de sucre
- 1,5 cuillerée à café de sel
- 400 g de farine T55
- 50 g de farine T150 (farine intégrale)
- 1,5 cuillerée à café de levure déshydratée instantanée
- 30 g de graines de sésame

Retirez la cuve de la machine et placez la pale de pétrissage.

Versez l'eau dans la cuve. Ajoutez le sucre, le sel et les farines, en prenant soin de recouvrir toute l'eau.

Faites un puits peu profond dans la farine et ajoutez-y la levure sans la faire entrer en contact avec un autre ingrédient.

Replacez la cuve dans la machine et fermez le couvercle.

Programmez la machine : programme « Pain normal », taille 1 kg, couleur moyenne et appuyez sur START.

Au signal sonore, ajoutez les graines de sésame.

Une fois le programme terminé, sortez la cuve de la machine, démoulez le pain et laissez-le refroidir sur une grille au moins 1 heure avant de le couper.

# Pain aux noix

## Ingrédients

- 300 ml d'eau
- 1 cuillerée à soupe de sucre
- 1,5 cuillerée à café de sel
- 1 cuillerée à soupe d'huile de noix
- 380 g de farine T55
- 35 g de farine T110 (farine complète)
- 35 g de farine de seigle T130
- 1,5 cuillerée à café de levure déshydratée instantanée
- 80 g de noix grossièrement hachées

Retirez la cuve de la machine et placez la pale de pétrissage.

Versez l'eau dans la cuve. Ajoutez le sucre, le sel, l'huile de noix et les farines, en veillant à recouvrir toute l'eau.

Faites un puits peu profond dans la farine et ajoutez-y la levure sans la faire entrer en contact avec un autre ingrédient.

Replacez la cuve dans la machine et fermez le couvercle.

Programmez la machine : programme « Pain normal », taille 1 kg, couleur foncée et appuyez sur START.

Au signal sonore, ajoutez les noix.

Une fois le programme terminé, sortez la cuve de la machine, démoulez le pain et laissez-le refroidir sur une grille au moins 1 heure avant de le couper.

# Pain aux raisins

## Ingrédients

- 300 ml d'eau
- 1 cuillerée à soupe de sucre
- 1,5 cuillerée à café de sel
- 1 cuillerée à soupe d'huile de noisette
- 380 g de farine T55
- 70 g de farine T110 (farine complète)
- 1,5 cuillerée à café de levure déshydratée instantanée
- 80 g de raisins blonds

Retirez la cuve de la machine et placez la pale de pétrissage.

Versez l'eau dans la cuve. Ajoutez le sucre, le sel, l'huile de noisette et les farines, en veillant à recouvrir toute l'eau.

Faites un puits peu profond dans la farine et ajoutez-y la levure sans la faire entrer en contact avec un autre ingrédient.

Replacez la cuve dans la machine et fermez le couvercle.

Programmez la machine : programme « Pain normal », taille 1 kg, couleur moyenne et appuyez sur START.

Au signal sonore, ajoutez les raisins blonds.

Une fois le programme terminé, sortez la cuve de la machine, démoulez le pain et laissez-le refroidir sur une grille au moins 1 heure avant de le couper.

# LES SPÉCIAUX SALÉS

# Pain aux échalotes

## Ingrédients

- 6 échalotes
- 3 cuillerées à soupe d'huile d'olive
- 290 ml d'eau
- 1 cuillerée à soupe de sucre
- 1,5 cuillerée à café de sel
- 400 g de farine T55
- 50 g de farine T110 (farine complète)
- 1,5 cuillerée à café de levure déshydratée instantanée

Pelez et émincez les échalotes. Faites chauffer 2 cuillerées à soupe d'huile d'olive dans une poêle et faites revenir les échalotes. Une fois qu'elles ont une belle couleur dorée, laissez-les refroidir sur un papier absorbant.

Retirez la cuve de la machine et placez la pale de pétrissage.

Versez l'eau dans la cuve. Ajoutez le sucre, le sel, l'huile d'olive puis les farines, en veillant à recouvrir toute l'eau.

Faites un puits peu profond dans la farine et ajoutez-y la levure sans la faire entrer en contact avec un autre ingrédient.

Replacez la cuve dans la machine et fermez le couvercle.

Programmez la machine : programme « Pain normal », taille 1 kg, couleur moyenne ou foncée et appuyez sur START.

Au signal sonore, ajoutez les échalotes.

Une fois le programme terminé, sortez la cuve de la machine, démoulez le pain et laissez-le refroidir sur une grille au moins 1 heure avant de le couper.

# Pain aux lardons

## Ingrédients

- 290 ml d'eau
- 100 g de lardons nature ou fumés
- 1 cuillerée à soupe de sucre
- 1,5 cuillerée à café de sel
- 2 cuillerées à soupe d'huile d'olive
- 450 g de farine T55
- 1,5 cuillerée à café de levure déshydratée instantanée

Faites chauffer une poêle antiadhésive, faites-y revenir les lardons puis laissez-les refroidir sur du papier absorbant.

Retirez la cuve de la machine et placez la pale de pétrissage.

Versez l'eau dans la cuve. Ajoutez le sucre, le sel, l'huile d'olive puis la farine, en veillant à recouvrir toute l'eau.

Faites un puits peu profond dans la farine et ajoutez-y la levure sans la faire entrer en contact avec un autre ingrédient.

Replacez la cuve dans la machine et fermez le couvercle.

Programmez la machine : programme « Pain normal », taille 1 kg, couleur moyenne ou foncée et appuyez sur START.

Au signal sonore, ajoutez les lardons.

Une fois le programme terminé, sortez la cuve de la machine, démoulez le pain et laissez-le refroidir sur une grille au moins 1 heure avant de le couper.

# Pain aux olives

## Ingrédients

- 280 ml d'eau
- 1 cuillerée à soupe de sucre
- 1,5 cuillerée à café de sel
- 2 cuillerées à soupe d'huile d'olive
- 450 g de farine T55
- 1,5 cuillerée à café de levure déshydratée instantanée
- 50 g d'olives vertes dénoyautées et coupées
- 50 g d'olives noires dénoyautées et coupées

Retirez la cuve de la machine et placez la pale de pétrissage.

Versez l'eau dans la cuve. Ajoutez le sucre, le sel, l'huile d'olive puis la farine, en veillant à recouvrir toute l'eau.

Faites un puits peu profond dans la farine et ajoutez-y la levure sans la faire entrer en contact avec un autre ingrédient.

Replacez la cuve dans la machine et fermez le couvercle.

Programmez la machine : programme « Pain normal », taille 1 kg, couleur moyenne ou foncée et appuyez sur START.

Au signal sonore, ajoutez les olives.

Une fois le programme terminé, sortez la cuve de la machine, démoulez le pain et laissez-le refroidir sur une grille au moins 1 heure avant de le couper.

# Pain à la feta et aux olives

## Ingrédients

- 280 ml d'eau
- 1 cuillerée à soupe de sucre
- 1,5 cuillerée à café de sel
- 1 cuillerée à soupe d'huile d'olive
- 450 g de farine T55
- 1,5 cuillerée à café de levure déshydratée instantanée
- 50 g d'olives noires dénoyautées et coupées
- 50 g de feta coupée en morceaux
- 1/2 cuillerée à café d'origan

Retirez la cuve de la machine et placez la pale de pétrissage.

Versez l'eau dans la cuve. Ajoutez le sucre, le sel, l'huile d'olive puis la farine, en veillant à recouvrir toute l'eau.

Faites un puits peu profond dans la farine et ajoutez-y la levure sans la faire entrer en contact avec un autre ingrédient.

Replacez la cuve dans la machine et fermez le couvercle.

Programmez la machine : programme « Pain normal », taille 1 kg, couleur moyenne ou foncée et appuyez sur START.

Au signal sonore, ajoutez les olives, la feta et l'origan.

Une fois le programme terminé, sortez la cuve de la machine, démoulez le pain et laissez-le refroidir sur une grille au moins 1 heure avant de le couper.

# Pain aux olives et aux tomates séchées

## Ingrédients

- 290 ml d'eau
- 1 cuillerée à soupe de sucre
- 1,5 cuillerée à café de sel
- 1 cuillerée à soupe d'huile des tomates séchées
- 450 g de farine T55
- 1,5 cuillerée à café de levure déshydratée instantanée
- 50 g d'olives noires dénoyautées et coupées
- 50 g de tomates séchées à l'huile

Retirez la cuve de la machine et placez la pale de pétrissage.

Versez l'eau dans la cuve. Ajoutez le sucre, le sel, l'huile puis la farine, en veillant à recouvrir toute l'eau.

Faites un puits peu profond dans la farine et ajoutez-y la levure sans la faire entrer en contact avec un autre ingrédient.

Replacez la cuve dans la machine et fermez le couvercle.

Programmez la machine : programme « Pain normal », taille 1 kg, couleur moyenne ou foncée et appuyez sur START.

Au signal sonore, ajoutez les olives et les tomates séchées.

Une fois le programme terminé, sortez la cuve de la machine, démoulez le pain et laissez-le refroidir sur une grille au moins 1 heure avant de le couper.

# Pain à l'ail et au parmesan

## Ingrédients

- 290 ml d'eau
- 1 cuillerée à soupe de sucre
- 1,5 cuillerée à café de sel
- 1 cuillerée à soupe d'huile d'olive
- 1/2 cuillerée à café d'ail déshydraté en poudre
- 20 g de parmesan râpé
- 450 g de farine T55
- 1,5 cuillerée à café de levure déshydratée instantanée

Retirez la cuve de la machine et placez la pale de pétrissage.

Versez l'eau dans la cuve. Ajoutez le sucre, le sel, l'huile, l'ail, le parmesan râpé puis la farine, en veillant à recouvrir toute l'eau.

Faites un puits peu profond dans la farine et ajoutez-y la levure sans la faire entrer en contact avec un autre ingrédient.

Replacez la cuve dans la machine et fermez le couvercle.

Programmez la machine : programme « Pain normal », taille 1 kg, couleur moyenne ou foncée et appuyez sur START.

Une fois le programme terminé, sortez la cuve de la machine, démoulez le pain et laissez-le refroidir sur une grille au moins 1 heure avant de le couper.

# Pain à la ricotta et aux fines herbes

## Ingrédients

- 190 ml d'eau
- 1 cuillerée à soupe de sucre
- 1,5 cuillerée à café de sel
- 100 g de ricotta
- 1/2 cuillerée à café d'ail déshydraté en poudre ou 1 gousse écrasée
- 1 cuillerée à soupe de mélange de fines herbes fraîches, déshydratées ou congelées
- 450 g de farine T55
- 1,5 cuillerée à café de levure déshydratée instantanée

Retirez la cuve de la machine et placez la pale de pétrissage.

Versez l'eau dans la cuve. Ajoutez le sucre, le sel, la ricotta, l'ail et les fines herbes puis la farine, en veillant à recouvrir toute l'eau.

Faites un puits peu profond dans la farine et ajoutez-y la levure sans la faire entrer en contact avec un autre ingrédient.

Replacez la cuve dans la machine et fermez le couvercle.

Programmez la machine : programme « Pain normal », taille 1 kg, couleur moyenne ou foncée et appuyez sur START.

Une fois le programme terminé, sortez la cuve de la machine, démoulez le pain et laissez-le refroidir sur une grille au moins 1 heure avant de le couper.

# Pain aux herbes et aux graines de tournesol

## Ingrédients

- 290 ml d'eau
- 1 cuillerée à soupe de sucre
- 1,5 cuillerée à café de sel
- 1 cuillerée à soupe d'huile d'olive
- 1/2 cuillerée à café d'ail déshydraté en poudre ou 1 gousse écrasée
- 1 cuillerée à café d'herbes de Provence
- 400 g de farine T55
- 50 g de farine T110 (farine complète)
- 1,5 cuillerée à café de levure déshydratée instantanée
- 50 g de graines de tournesol

Retirez la cuve de la machine et placez la pale de pétrissage.

Versez l'eau dans la cuve. Ajoutez le sucre, le sel, l'huile d'olive, l'ail, les herbes de Provence, puis les farines, en veillant à recouvrir toute l'eau.

Faites un puits peu profond dans la farine et ajoutez-y la levure sans la faire entrer en contact avec un autre ingrédient.

Replacez la cuve dans la machine et fermez le couvercle.

Programmez la machine : programme « Pain normal », taille 1 kg, couleur moyenne ou foncée et appuyez sur START.

Au signal sonore, ajoutez les graines de tournesol.

Une fois le programme terminé, sortez la cuve de la machine, démoulez le pain et laissez-le refroidir sur une grille au moins 1 heure avant de le couper.

# Pain au chorizo et aux poivrons

## Ingrédients

- 3 cuillerées à soupe d'huile d'olive
- 60 g de poivrons coupés en cubes
- 290 ml d'eau
- 1 cuillerée à soupe de sucre
- 1,5 cuillerée à café de sel
- 450 g de farine T55
- 1,5 cuillerée à café de levure déshydratée instantanée
- 60 g de chorizo coupé en cubes

Faites chauffer 2 cuillerées à soupe d'huile d'olive dans une poêle antiadhésive. Faites-y revenir les poivrons et laissez cuire 10 minutes à feu doux. Laissez-les refroidir sur du papier absorbant.

Retirez la cuve de la machine et placez la pale de pétrissage.

Versez l'eau dans la cuve. Ajoutez le sucre, le sel, 1 cuillerée à soupe d'huile, puis la farine, en veillant à recouvrir toute l'eau.

Faites un puits peu profond dans la farine et ajoutez-y la levure, sans la faire entrer en contact avec un autre ingrédient.

Replacez la cuve dans la machine et fermez le couvercle.

Programmez la machine : programme « Pain normal », taille 1 kg, couleur moyenne ou foncée et appuyez sur START.

Au signal sonore, ajoutez les poivrons et le chorizo.

Une fois le programme terminé, sortez la cuve de la machine, démoulez le pain et laissez-le refroidir sur une grille au moins 1 heure avant de le couper.

# Pain aux poivrons et à l'oignon

## Ingrédients

- 3 cuillerées à soupe d'huile d'olive
- 60 g de poivrons coupés en cubes
- 1 oignon émincé
- 290 ml d'eau
- 1 cuillerée à soupe de sucre
- 1,5 cuillerée à café de sel
- 450 g de farine T55
- 1,5 cuillerée à café de levure déshydratée instantanée

Dans une poêle antiadhésive, faites chauffer 2 cuillerées à soupe d'huile d'olive, faites-y revenir les poivrons et l'oignon. Laissez-les refroidir sur du papier absorbant.

Retirez la cuve de la machine et placez la pale de pétrissage.

Versez l'eau dans la cuve. Ajoutez le sucre, le sel, 1 cuillerée à soupe d'huile d'olive, puis la farine, en veillant à recouvrir toute l'eau.

Faites un puits peu profond dans la farine et ajoutez-y la levure sans la faire entrer en contact avec un autre ingrédient.

Replacez la cuve dans la machine et fermez le couvercle.

Programmez la machine : programme « Pain normal », taille 1 kg, couleur moyenne ou foncée et appuyez sur START.

Au signal sonore, ajoutez les poivrons et l'oignon.

Une fois le programme terminé, sortez la cuve de la machine, démoulez le pain et laissez-le refroidir sur une grille au moins 1 heure avant de le couper.

# Pain aux champignons et basilic

## Ingrédients

- 2 gros champignons de Paris frais et coupés en morceaux
- 2 cuillerées à soupe d'huile d'olive
- 290 ml d'eau
- 1 cuillerée à soupe de sucre
- 1,5 cuillerée à café de sel
- 1/2 cuillerée à café d'ail en poudre ou 1 gousse écrasée
- 1 cuillerée à café de basilic déshydraté ou 2 feuilles ciselées
- 400 g de farine T55
- 50 g de farine T110 (farine complète)
- 1,5 cuillerée à café de levure déshydratée instantanée

Dans une poêle antiadhésive, faites revenir les champignons à feu vif avec 1 cuillerée à soupe d'huile d'olive. Laissez-les refroidir sur du papier absorbant.

Retirez la cuve de la machine et placez la pale de pétrissage.

Versez l'eau dans la cuve. Ajoutez le sucre, le sel, 1 cuillerée à soupe d'huile d'olive, l'ail, le basilic, puis les farines, en veillant à recouvrir toute l'eau.

Faites un puits peu profond dans la farine et ajoutez-y la levure sans la faire entrer en contact avec un autre ingrédient.

Replacez la cuve dans la machine et fermez le couvercle.

Programmez la machine : programme « Pain normal », taille 1 kg, couleur moyenne ou foncée et appuyez sur START.

Au signal sonore, ajoutez les champignons.

Une fois le programme terminé, sortez la cuve de la machine, démoulez le pain et laissez-le refroidir sur une grille au moins 1 heure avant de le couper.

# Pain au bleu d'Auvergne et aux noix

### Ingrédients

- 295 ml d'eau
- 1 cuillerée à soupe de sucre
- 1,5 cuillerée à café de sel
- 1 cuillerée à soupe d'huile d'olive
- 400 g de farine T55
- 50 g de farine T110 (farine complète)
- 1,5 cuillerée à café de levure déshydratée instantanée
- 70 g de bleu d'Auvergne coupé en cubes et congelé la veille
- 50 g de noix grossièrement hachées

Retirez la cuve de la machine et placez la pale de pétrissage.

Versez l'eau dans la cuve. Ajoutez le sucre, le sel, l'huile d'olive puis les farines, en veillant à recouvrir toute l'eau.

Faites un puits peu profond dans la farine et ajoutez-y la levure sans la faire entrer en contact avec un autre ingrédient.

Replacez la cuve dans la machine et fermez le couvercle.

Programmez la machine : programme « Pain normal », taille 1 kg, couleur moyenne ou foncée et appuyez sur START.

Au signal sonore, ajoutez le bleu d'Auvergne congelé et les noix.

Une fois le programme terminé, sortez la cuve de la machine, démoulez le pain et laissez-le refroidir sur une grille au moins 1 heure avant de le couper.

# LES SPÉCIAUX SUCRÉS

# Pain à la banane et à la noix de coco

## Ingrédients

- 1 banane
- Eau
- 150 ml de lait de coco
- 2 cuillerées à soupe de sucre
- 1,5 cuillerée à café de sel
- 1 cuillerée à soupe de beurre
- 2 cuillerées à soupe de noix de coco râpée
- 380 g de farine T55
- 70 g de farine T110 (farine complète)
- 1,5 cuillerée à café de levure déshydratée instantanée

Retirez la cuve de la machine et placez la pale de pétrissage.

Mixez la banane et complétez avec de l'eau dans un verre mesureur pour arriver à 150 ml (eau + banane mixée = 150 ml).

Versez ce mélange dans la cuve. Ajoutez le lait de coco, le sucre, le sel, le beurre, la noix de coco, puis les farines, en veillant à recouvrir tout le liquide.

Faites un puits peu profond dans la farine et ajoutez-y la levure sans la faire entrer en contact avec un autre ingrédient.

Replacez la cuve dans la machine et fermez le couvercle.

Programmez la machine : programme « Pain normal », taille 1 kg, couleur moyenne ou foncée et appuyez sur START.

Une fois le programme terminé, sortez la cuve de la machine, démoulez le pain et laissez-le refroidir sur une grille au moins 1 heure avant de le couper.

# Pain au maïs et aux raisins

## Ingrédients

- 1 œuf
- Eau
- 45 g de semoule de maïs fine (polenta)
- 1 cuillerée à soupe de sucre
- 1 sachet de sucre vanillé
- 1,5 cuillerée à café de sel
- 2 cuillerées à soupe de beurre
- 450 g de farine T55
- 1,5 cuillerée à café de levure déshydratée instantanée
- 80 g de raisins secs blonds

Retirez la cuve de la machine et placez la pale de pétrissage.

Battez l'œuf en omelette, mettez-le dans un verre mesureur et complétez avec l'eau jusqu'à 300 ml (eau + œuf = 300 ml).

Versez le mélange eau/œuf dans la cuve. Ajoutez la semoule de maïs, les sucres, le sel, le beurre, puis la farine, en veillant à recouvrir toute l'eau.

Faites un puits peu profond dans la farine et ajoutez-y la levure sans la faire entrer en contact avec un autre ingrédient.

Replacez la cuve dans la machine et fermez le couvercle.

Programmez la machine : programme « Pain normal », taille 1 kg, couleur moyenne ou foncée et appuyez sur START.

Au signal sonore, ajoutez les raisins secs blonds.

Une fois le programme terminé, sortez la cuve de la machine, démoulez le pain et laissez-le refroidir sur une grille au moins 1 heure avant de le couper.

# Pain à la mandarine

## Ingrédients

- 1 œuf
- Eau
- 140 ml de nectar de mandarine
- 1 cuillerée à soupe de sucre
- 1 sachet de sucre vanillé
- 1,5 cuillerée à café de sel
- 2 cuillerées à soupe de beurre
- Le zeste de 1/2 mandarine haché
- 400 g de farine T55
- 50 g de farine T110 (farine complète)
- 1,5 cuillerée à café de levure déshydratée instantanée

Retirez la cuve de la machine et placez la pale de pétrissage.

Battez l'œuf en omelette, mettez-le dans un verre mesureur et complétez avec l'eau jusqu'à 155 ml (eau + œuf = 155 ml).

Versez le mélange eau/œuf dans la cuve. Ajoutez le nectar de mandarine, les sucres, le sel, le beurre, le zeste haché, puis les farines, en prenant soin de recouvrir tout le liquide.

Faites un puits peu profond dans la farine et ajoutez-y la levure sans la faire entrer en contact avec un autre ingrédient.

Replacez la cuve dans la machine et fermez le couvercle.

Programmez la machine : programme « Pain normal », taille 1 kg, couleur moyenne ou foncée et appuyez sur START.

Une fois le programme terminé, sortez la cuve de la machine, démoulez le pain et laissez-le refroidir sur une grille au moins 1 heure avant de le couper.

# Pain à la poire et aux pépites de chocolat

## Ingrédients

- 1 œuf
- Eau
- 100 ml de nectar de poire
- 1 cuillerée à soupe de sucre
- 1 sachet de sucre vanillé
- 1,5 cuillerée à café de sel
- 2 cuillerées à soupe de beurre
- 450 g de farine T55
- 1,5 cuillerée à café de levure déshydratée instantanée
- 1/2 poire très dure coupée en petits cubes
- 40 g de pépites de chocolat (congelées la veille)

Retirez la cuve de la machine et placez la pale de pétrissage.

Battez l'œuf en omelette, mettez-le dans un verre mesureur et complétez avec l'eau jusqu'à 170 ml (eau + œuf = 170 ml).

Versez le mélange eau/œuf dans la cuve. Ajoutez le nectar de poire, les sucres, le sel, le beurre, puis la farine, en veillant à recouvrir tout le liquide.

Faites un puits peu profond dans la farine et ajoutez-y la levure sans la faire entrer en contact avec un autre ingrédient.

Replacez la cuve dans la machine et fermez le couvercle.

Programmez la machine : programme « Pain normal », taille 1 kg, couleur moyenne ou foncée et appuyez sur START.

Au signal sonore, ajoutez les cubes de poire et les pépites de chocolat.

Une fois le programme terminé, sortez la cuve de la machine, démoulez le pain et laissez-le refroidir sur une grille au moins 1 heure avant de le couper.

# Pain aux figues et au miel

## Ingrédients

- 140 ml d'eau
- 150 ml de lait
- 4 cuillerées à soupe de miel
- 1,5 cuillerée à café de sel
- 2 cuillerées à soupe de beurre
- 450 g de farine T55
- 1,5 cuillerée à café de levure déshydratée instantanée
- 8 figues sèches coupées en morceaux

Retirez la cuve de la machine et placez la pale de pétrissage.

Versez l'eau dans la cuve. Ajoutez le lait, le miel, le sel, le beurre, puis la farine, en veillant à recouvrir tout le liquide.

Faites un puits peu profond dans la farine et ajoutez-y la levure sans la faire entrer en contact avec un autre ingrédient.

Replacez la cuve dans la machine et fermez le couvercle.

Programmez la machine : programme « Pain normal », taille 1 kg, couleur moyenne ou foncée et appuyez sur START.

Au signal sonore, ajoutez les figues coupées en morceaux.

Une fois le programme terminé, sortez la cuve de la machine, démoulez le pain et laissez-le refroidir sur une grille au moins 1 heure avant de le couper.

# Pain à la pomme et aux raisins

## Ingrédients

- 170 ml d'eau
- 100 ml de jus de pomme
- 1 cuillerée à soupe de sucre
- 1,5 cuillerée à café de sel
- 2 cuillerées à soupe de beurre
- 1/2 cuillerée à café de cannelle en poudre
- 450 g de farine T55
- 1,5 cuillerée à café de levure déshydratée instantanée
- 1/2 pomme verte coupée en petits cubes
- 50 g de raisins secs blonds

Retirez la cuve de la machine et placez la pale de pétrissage.

Versez l'eau dans la cuve. Ajoutez le jus de pomme, le sucre, le sel, le beurre, la cannelle, puis la farine, en prenant soin qu'elle recouvre tout le liquide.

Faites un puits peu profond dans la farine et ajoutez-y la levure sans la faire entrer en contact avec un autre ingrédient.

Replacez la cuve dans la machine et fermez le couvercle.

Programmez la machine : programme « Pain normal », taille 1 kg, couleur moyenne ou foncée et appuyez sur START.

Au signal sonore, ajoutez la pomme et les raisins secs.

Une fois le programme terminé, sortez la cuve de la machine, démoulez le pain et laissez-le refroidir sur une grille au moins 1 heure avant de le couper.

# Pain aux amandes

## Ingrédients

- 1 œuf
- Lait
- 2 cuillerées à soupe de sucre
- 1,5 cuillerée à café de sel
- 2 cuillerées à soupe de beurre
- 1 cuillerée à café d'extrait d'amande amère
- 450 g de farine T55
- 1,5 cuillerée à café de levure déshydratée instantanée
- 80 g d'amandes grossièrement concassées

Retirez la cuve de la machine et placez la pale de pétrissage.

Battez l'œuf en omelette, mettez-le dans un verre mesureur et complétez avec le lait jusqu'à 290 ml (lait + œuf = 290 ml).

Versez le mélange lait/œuf dans la cuve. Ajoutez le sucre, le sel, le beurre, l'extrait d'amande amère, puis la farine, en veillant à ce qu'elle recouvre tout le lait.

Faites un puits peu profond dans la farine et ajoutez-y la levure sans la faire entrer en contact avec un autre ingrédient.

Replacez la cuve dans la machine et fermez le couvercle.

Programmez la machine : programme « Pain normal », taille 1 kg, couleur moyenne ou foncée et appuyez sur START.

Au signal sonore, ajoutez les amandes.

Une fois le programme terminé, sortez la cuve de la machine, démoulez le pain et laissez-le refroidir sur une grille au moins 1 heure avant de le couper.

# Pain aux abricots

## Ingrédients

- 170 ml d'eau
- 100 ml de nectar d'abricot
- 1 cuillerée à soupe de sucre
- 1 sachet de sucre vanillé
- 1,5 cuillerée à café de sel
- 2 cuillerées à soupe de beurre
- 450 g de farine T55
- 1,5 cuillerée à café de levure déshydratée instantanée
- 3 gros abricots fermes coupés en petits cubes

Retirez la cuve de la machine et placez la pale de pétrissage.

Versez l'eau dans la cuve. Ajoutez le nectar d'abricot, les sucres, le sel, le beurre puis la farine, en veillant à recouvrir tout le liquide.

Faites un puits peu profond dans la farine et ajoutez-y la levure sans la faire entrer en contact avec un autre ingrédient.

Replacez la cuve dans la machine et fermez le couvercle.

Programmez la machine : programme « Pain normal », taille 1 kg, couleur moyenne ou foncée et appuyez sur START.

Au signal sonore, ajoutez les abricots coupés.

Une fois le programme terminé, sortez la cuve de la machine, démoulez le pain et laissez-le refroidir sur une grille au moins 1 heure avant de le couper.

# Pain au chocolat/caramel

## Ingrédients

- 1 œuf
- Lait
- 2 cuillerées à soupe de sucre
- 1,5 cuillerée à café de sel
- 2 cuillerées à soupe de beurre
- 450 g de farine T55
- 1,5 cuillerée à café de levure déshydratée instantanée
- 40 g de pépites de caramel
- 40 g de pépites de chocolat (congelées la veille)

Retirez la cuve de la machine et placez la pale de pétrissage.

Battez l'œuf en omelette, mettez-le dans un verre mesureur et complétez avec le lait jusqu'à 290 ml (lait + œuf = 290 ml).

Versez le mélange lait/œuf dans la cuve. Ajoutez le sucre, le sel, le beurre puis la farine, en veillant à ce qu'elle recouvre tout le lait.

Faites un puits peu profond dans la farine et ajoutez-y la levure sans la faire entrer en contact avec un autre ingrédient.

Replacez la cuve dans la machine et fermez le couvercle.

Programmez la machine : programme « Pain normal », taille 1 kg, couleur moyenne ou foncée et appuyez sur START.

Au signal sonore, ajoutez les pépites de caramel et les pépites de chocolat congelées.

Une fois le programme terminé, sortez la cuve de la machine, démoulez le pain et laissez-le refroidir sur une grille au moins 1 heure avant de le couper.

# Pain multicolore

## Ingrédients

- 1 œuf
- Lait
- 2 sachets de sucre vanillé
- 1,5 cuillerée à café de sel
- 2 cuillerées à soupe de beurre
- 450 g de farine T55
- 1,5 cuillerée à café de levure déshydratée instantanée
- 20 g de vermicelles de sucre multicolores

Retirez la cuve de la machine et placez la pale de pétrissage.

Battez l'œuf en omelette, mettez-le dans un verre mesureur et complétez avec le lait jusqu'à 290 ml (lait + œuf = 290 ml).

Versez le mélange lait/œuf dans la cuve. Ajoutez le sucre vanillé, le sel, le beurre puis la farine, en prenant soin qu'elle recouvre tout le lait.

Faites un puits peu profond dans la farine et ajoutez-y la levure sans la faire entrer en contact avec un autre ingrédient.

Replacez la cuve dans la machine et fermez le couvercle.

Programmez la machine : programme « Pain normal », taille 1 kg, couleur moyenne ou foncée et appuyez sur START.

Au signal sonore, ajoutez les vermicelles multicolores.

Une fois le programme terminé, sortez la cuve de la machine, démoulez le pain et laissez-le refroidir sur une grille au moins 1 heure avant de le couper.

# Pain aux noisettes, aux raisins et au miel

## Ingrédients

- 1 œuf
- Lait
- 3 cuillerées à soupe de miel
- 1,5 cuillerée à café de sel
- 2 cuillerées à soupe de beurre
- 400 g de farine T55
- 50 g de farine T110 (farine complète)
- 1,5 cuillerée à café de levure déshydratée instantanée
- 40 g de raisins secs blonds
- 40 g de noisettes grossièrement hachées

Retirez la cuve de la machine et placez la pale de pétrissage.

Battez l'œuf en omelette, mettez dans un verre mesureur et complétez avec le lait jusqu'à 290 ml (lait + œuf = 290 ml).

Versez le mélange lait/œuf dans la cuve. Ajoutez le miel, le sel, le beurre puis les farines, en prenant soin de recouvrir tout le lait.

Faites un puits peu profond dans la farine et ajoutez-y la levure sans la faire entrer en contact avec un autre ingrédient.

Replacez la cuve dans la machine et fermez le couvercle.

Programmez la machine : programme « Pain normal », taille 1 kg, couleur moyenne ou foncée et appuyez sur START.

Au signal sonore, ajoutez les raisins et les noisettes.

Une fois le programme terminé, sortez la cuve de la machine, démoulez le pain et laissez-le refroidir sur une grille au moins 1 heure avant de le couper.

# Pain à la banane, aux noix de pécan et au sirop d'érable

## Ingrédients

- 1 banane écrasée
- Lait
- 3 cuillerées à soupe de sirop d'érable
- 1,5 cuillerée à café de sel
- 1 cuillerée à soupe de beurre
- 380 g de farine T55
- 70 g de farine T110 (farine complète)
- 1,5 cuillerée à café de levure déshydratée instantanée
- 60 g de noix de pécan concassées

Retirez la cuve de la machine et placez la pale de pétrissage.

Mixez la banane et complétez avec le lait dans un verre mesureur pour arriver à 300 ml (lait + banane mixée = 300 ml).

Versez le mélange dans la cuve, ajoutez le sirop d'érable, le sel, le beurre puis les farines, en veillant à recouvrir tout le liquide.

Faites un puits peu profond dans la farine et ajoutez-y la levure sans la faire entrer en contact avec un autre ingrédient.

Replacez la cuve dans la machine et fermez le couvercle.

Programmez la machine : programme « Pain normal », taille 1 kg, couleur moyenne ou foncée et appuyez sur START.

Au signal sonore, ajoutez les noix de pécan.

Une fois le programme terminé, sortez la cuve de la machine, démoulez le pain et laissez-le refroidir sur une grille au moins 1 heure avant de le couper.

# PAINS SUCRÉS

# Pain au lait

## Ingrédients

- 290 ml de lait
- 4 cuillerées à soupe de sucre
- 1,5 cuillerée à café de sel
- 40 g de beurre à température ambiante
- 450 g de farine T55
- 1,5 cuillerée à café de levure déshydratée instantanée

Retirez la cuve de la machine et placez la pale de pétrissage.

Versez le lait dans la cuve. Ajoutez le sucre, le sel, le beurre puis la farine, en veillant à ce qu'elle recouvre tout le lait.

Faites un puits peu profond dans la farine et ajoutez-y la levure sans la faire entrer en contact avec un autre ingrédient.

Replacez la cuve dans la machine et fermez le couvercle.

Programmez la machine : programme « Pain sucré » ; à défaut, utilisez le programme « Pain normal », taille 1 kg, couleur claire ou moyenne et appuyez sur START.

Une fois le programme terminé, sortez la cuve de la machine, démoulez le pain et laissez-le refroidir sur une grille au moins 1 heure avant de le couper.

# Pain brioché à la fleur d'oranger

## Ingrédients

- 1 œuf
- 1 cuillerée à soupe d'eau de fleur d'oranger
- Lait
- 4 cuillerées à soupe de sucre
- 1,5 cuillerée à café de sel
- 30 g de beurre à température ambiante
- 450 g de farine T55
- 1,5 cuillerée à café de levure déshydratée instantanée

Retirez la cuve de la machine et placez la pale de pétrissage.

Battez l'œuf en omelette, mettez-le dans un verre mesureur, ajoutez l'eau de fleur d'oranger et complétez avec le lait jusqu'à 290 ml (lait + œuf + eau de fleur d'oranger = 290 ml).

Versez le mélange lait/œuf/fleur d'oranger dans la cuve. Ajoutez le sucre, le sel, le beurre, puis la farine, en veillant à ce qu'elle recouvre tout le liquide.

Faites un puits peu profond dans la farine et ajoutez-y la levure sans la faire entrer en contact avec un autre ingrédient.

Replacez la cuve dans la machine et fermez le couvercle.

Programmez la machine : programme « Pain sucré » ; à défaut, utilisez le programme « Pain normal », taille 1 kg, couleur claire ou moyenne et appuyez sur START.

Une fois le programme terminé, sortez la cuve de la machine, démoulez le pain et laissez-le refroidir sur une grille au moins 1 heure avant de le couper.

# Pain brioché aux raisins

## Ingrédients

- 1 œuf
- Lait
- 4 cuillerées à soupe de sucre
- 1,5 cuillerée à café de sel
- 30 g de beurre à température ambiante
- 1 cuillerée à café de vanille en poudre
- 450 g de farine T55
- 1,5 cuillerée à café de levure déshydratée instantanée
- 50 g de raisins secs blonds

Retirez la cuve de la machine et placez la pale de pétrissage.

Battez l'œuf en omelette, mettez-le dans un verre mesureur, complétez avec le lait jusqu'à 290 ml (lait + œuf = 290 ml).

Versez le mélange lait/œuf dans la cuve. Ajoutez le sucre, le sel, le beurre, la vanille, puis la farine, en veillant à ce qu'elle recouvre tout le lait.

Faites un puits peu profond dans la farine et ajoutez-y la levure sans la faire entrer en contact avec un autre ingrédient.

Replacez la cuve dans la machine et fermez le couvercle.

Programmez la machine : programme « Pain sucré » ; à défaut, utilisez le programme « Pain normal », taille 1 kg, couleur claire ou moyenne et appuyez sur START.

Au signal sonore, ajoutez les raisins.

Une fois le programme terminé, sortez la cuve de la machine, démoulez le pain et laissez-le refroidir sur une grille au moins 1 heure avant de le couper.

# Pain viennois au citron

## Ingrédients

- 100 ml d'eau
- 190 ml de lait
- 20 g de sucre en poudre
- 1,5 cuillerée à café de sel
- 50 g de beurre à température ambiante
- Le zeste de 1 citron râpé
- 450 g de farine T55
- 1,5 cuillerée à café de levure déshydratée instantanée

Retirez la cuve de la machine et placez la pale de pétrissage.

Versez l'eau et le lait dans la cuve. Ajoutez le sucre, le sel, le beurre, le zeste de citron râpé puis la farine, en veillant à recouvrir tout le liquide.

Faites un puits peu profond dans la farine et ajoutez-y la levure sans la faire entrer en contact avec un autre ingrédient.

Replacez la cuve dans la machine et fermez le couvercle.

Programmez la machine : programme « Pain sucré » ; à défaut, utilisez le programme « Pain normal », taille 1 kg, couleur claire ou moyenne et appuyez sur START.

Une fois le programme terminé, sortez la cuve de la machine, démoulez le pain et laissez-le refroidir sur une grille au moins 1 heure avant de le couper.

# Pain viennois tout chocolat

## Ingrédients

- 100 ml d'eau
- 190 ml de lait
- 20 g de sucre en poudre
- 1,5 cuillerée à café de sel
- 50 g de beurre à température ambiante
- 1 cuillerée à soupe de chocolat en poudre sucré
- 450 g de farine T55
- 1,5 cuillerée à café de levure déshydratée instantanée
- 50 g de pépites de chocolat (congelées la veille)

Retirez la cuve de la machine et placez la pale de pétrissage.

Versez l'eau et le lait dans la cuve. Ajoutez le sucre, le sel, le beurre, le chocolat en poudre, puis la farine, en veillant à ce qu'elle recouvre tout le liquide.

Faites un puits peu profond dans la farine et ajoutez-y la levure sans la faire entrer en contact avec un autre ingrédient.

Replacez la cuve dans la machine et fermez le couvercle.

Programmez la machine : programme « Pain sucré » ; à défaut, utilisez le programme « Pain normal », taille 1 kg, couleur claire ou moyenne et appuyez sur START.

Au signal sonore, ajoutez les pépites de chocolat.

Une fois le programme terminé, sortez la cuve de la machine, démoulez le pain et laissez-le refroidir sur une grille au moins 1 heure avant de le couper.

# Pain viennois chocolat/orange

## Ingrédients

- 100 ml d'eau
- 190 ml de lait
- 20 g de sucre en poudre
- 1,5 cuillerée à café de sel
- 50 g de beurre à température ambiante
- Le zeste de 1/2 orange
- 450 g de farine T55
- 1,5 cuillerée à café de levure déshydratée instantanée
- 50 g de pépites de chocolat (congelées la veille)

Retirez la cuve de la machine et placez la pale de pétrissage.

Versez l'eau et le lait dans la cuve. Ajoutez le sucre, le sel, le beurre, le zeste d'orange, puis la farine, en veillant à ce qu'elle recouvre tout le liquide.

Faites un puits peu profond dans la farine et ajoutez-y la levure sans la faire entrer en contact avec un autre ingrédient.

Replacez la cuve dans la machine et fermez le couvercle.

Programmez la machine : programme « Pain sucré » ; à défaut, utilisez le programme « Pain normal », taille 1 kg, couleur claire ou moyenne et appuyez sur START.

Au signal sonore, ajoutez les pépites de chocolat.

Une fois le programme terminé, sortez la cuve de la machine, démoulez le pain et laissez-le refroidir sur une grille au moins 1 heure avant de le couper.

# Pain brioché

## Ingrédients

- 1 œuf
- Lait
- 3 cuillerées à soupe de sucre
- 1 sachet de sucre vanillé
- 1,5 cuillerée à café de sel
- 30 g de beurre à température ambiante
- 450 g de farine T55
- 1,5 cuillerée à café de levure déshydratée instantanée

Retirez la cuve de la machine et placez la pale de pétrissage.

Battez l'œuf en omelette, mettez-le dans un verre mesureur et complétez avec le lait jusqu'à 290 ml (lait + œuf = 290 ml).

Versez le mélange lait/œuf dans la cuve. Ajoutez les sucres, le sel, le beurre puis la farine, en veillant à ce qu'elle recouvre tout le lait.

Faites un puits peu profond dans la farine et ajoutez-y la levure sans la faire entrer en contact avec un autre ingrédient.

Replacez la cuve dans la machine et fermez le couvercle.

Programmez la machine : programme « Pain sucré » ; à défaut, utilisez le programme « Pain normal », taille 1 kg, couleur claire ou moyenne et appuyez sur START.

Une fois le programme terminé, sortez la cuve de la machine, démoulez le pain et laissez-le refroidir sur une grille au moins 1 heure avant de le couper.

# Pain brioché aux fruits confits

## Ingrédients

- 1 œuf
- Lait
- 3 cuillerées à soupe de sucre
- 1 sachet de sucre vanillé
- 30 g de beurre à température ambiante
- 1,5 cuillerée à café de sel
- 450 g de farine T55
- 1,5 cuillerée à café de levure déshydratée instantanée
- 50 g de fruits confits

Retirez la cuve de la machine et placez la pale de pétrissage.

Battez l'œuf en omelette, mettez-le dans un verre mesureur et complétez avec le lait jusqu'à 290 ml (lait + œuf = 290 ml).

Versez le mélange lait/œuf dans la cuve. Ajoutez les sucres, le beurre, le sel, puis la farine, en veillant à ce qu'elle recouvre tout le lait.

Faites un puits peu profond dans la farine et ajoutez-y la levure sans la faire entrer en contact avec un autre ingrédient.

Replacez la cuve dans la machine et fermez le couvercle.

Programmez la machine : programme « Pain sucré » ; à défaut, utilisez le programme « Pain normal », taille 1 kg, couleur claire ou moyenne et appuyez sur START.

Au signal sonore, ajoutez les fruits confits.

Une fois le programme terminé, sortez la cuve de la machine, démoulez le pain et laissez-le refroidir sur une grille au moins 1 heure avant de le couper.

# Brioche

## Ingrédients

- 4 œufs moyens
- Lait
- 60 g de sucre
- 1 sachet de sucre vanillé
- 1 cuillerée à café de sel
- 120 g de beurre à température ambiante
- 350 g de farine T55
- 2 cuillerées à café de levure déshydratée instantanée

Retirez la cuve de la machine et placez la pale de pétrissage.

Cassez les œufs dans la cuve. Si les 4 œufs ne font pas 230 ml, complétez avec du lait pour obtenir 230 ml. Ajoutez les sucres, le sel, le beurre, puis la farine, en veillant à ce qu'elle recouvre tout le liquide.

Faites un puits peu profond dans la farine et ajoutez-y la levure sans la faire entrer en contact avec un autre ingrédient.

Replacez la cuve dans la machine et fermez le couvercle.

Programmez la machine : programme « Pain sucré » ; à défaut, utilisez le programme « Pain normal », taille 1 kg, couleur claire ou moyenne et appuyez sur START.

Arrêtez la cuisson 10 à 15 minutes avant la fin du cycle. Sortez la cuve de la machine, démoulez la brioche et laissez-la refroidir sur une grille au moins 1 heure avant de la couper.

# Kouglof

## Ingrédients

- 1 œuf
- Lait
- 60 g de sucre
- 1 cuillerée à café de sel
- 100 g de beurre à température ambiante
- 350 g de farine T55
- 2 cuillerées à café de levure déshydratée instantanée
- 40 g d'amandes concassées
- 40 g de raisins secs

Retirez la cuve de la machine et placez la pale de pétrissage.

Battez l'œuf en omelette, mettez-le dans un verre mesureur et complétez avec le lait jusqu'à 230 ml (lait + œuf = 230 ml).

Versez le mélange lait/œuf dans la cuve. Ajoutez le sucre, le sel, le beurre, puis la farine, en veillant à ce qu'elle recouvre tout le lait.

Faites un puits peu profond dans la farine et ajoutez-y la levure sans la faire entrer en contact avec un autre ingrédient.

Replacez la cuve dans la machine et fermez le couvercle.

Programmez la machine : programme « Pain sucré » ; à défaut, utilisez le programme « Pain normal », taille 1 kg, couleur claire ou moyenne et appuyez sur START.

Au signal sonore, ajoutez les amandes et les raisins secs.

Arrêtez la cuisson 10 à 15 minutes avant la fin du cycle. Sortez la cuve de la machine, démoulez le kouglof et laissez-le refroidir sur une grille au moins 1 heure avant de le couper.

# Panettone

## Ingrédients

- 1 œuf
- Lait
- 60 g de sucre
- 1 cuillerée à café de sel
- 80 g de beurre à température ambiante
- 350 g de farine T55
- 2 cuillerées à café de levure déshydratée instantanée
- 40 g de raisins secs
- 20 g de cédrat confit
- 20 g d'orange confite

Retirez la cuve de la machine et placez la pale de pétrissage.

Battez l'œuf en omelette, mettez-le dans un verre mesureur et complétez avec le lait jusqu'à 230 ml (lait + œuf = 230 ml).

Versez le mélange lait/œuf dans la cuve. Ajoutez le sucre, le sel, le beurre puis la farine, en veillant à ce qu'elle recouvre tout le lait.

Faites un puits peu profond dans la farine et ajoutez-y la levure sans la faire entrer en contact avec un autre ingrédient.

Replacez la cuve dans la machine et fermez le couvercle.

Programmez la machine : programme « Pain sucré » ; à défaut, utilisez le programme « Pain normal », taille 1 kg, couleur claire ou moyenne et appuyez sur START.

Au signal sonore, ajoutez les raisins secs, le cédrat et l'orange confite.

Arrêtez la cuisson 10 à 15 minutes avant la fin du cycle. Une fois le programme terminé, sortez la cuve de la machine, démoulez le panettone et laissez-le refroidir sur une grille au moins 1 heure avant de le couper.

# Cramique

## Ingrédients

- 2 œufs
- Lait
- 40 g de sucre
- 1,5 cuillerée à café de sel
- 80 g de beurre à température ambiante
- 350 g de farine T55
- 2 cuillerées à café de levure déshydratée instantanée
- 70 g de raisins secs

Retirez la cuve de la machine et placez la pale de pétrissage.

Battez l'œuf en omelette, mettez-le dans un verre mesureur et complétez avec le lait jusqu'à 230 ml (lait + œuf = 230 ml).

Versez le mélange lait/œuf dans la cuve. Ajoutez le sucre, le sel, le beurre puis la farine, en veillant à ce qu'elle recouvre tout le lait.

Faites un puits peu profond dans la farine et ajoutez-y la levure sans la faire entrer en contact avec un autre ingrédient.

Replacez la cuve dans la machine et fermez le couvercle.

Programmez la machine : programme « Pain sucré » ; à défaut, utilisez le programme « Pain normal », taille 1 kg, couleur claire ou moyenne et appuyez sur START.

Au signal sonore, ajoutez les raisins secs.

Une fois le programme terminé, sortez la cuve de la machine, démoulez le cramique et laissez-le refroidir sur une grille au moins 1 heure avant de le couper.

# CAKES

# Cake aux fruits confits

## Ingrédients

- 3 œufs
- 100 g de beurre fondu
- 150 g de sucre en poudre
- 1 pincée de sel
- 300 g de farine T45 tamisée
- 1 sachet de levure chimique
- 1 petite boîte de fruits confits

Retirez la cuve de la machine et placez la pale de pétrissage.

Battez les œufs en omelette et versez-les dans la cuve.
Ajoutez le beurre, le sucre, le sel, la farine et la levure.

Programmez la machine : sélectionnez le programme « Gâteau ou Pain rapide » et appuyez sur la touche START.

Roulez les fruits confits dans un peu de farine.

Ajoutez-les 8 minutes avant la fin du pétrissage.

À la fin du programme, démoulez immédiatement sur un plat.

# Cake au citron

## Ingrédients

- 3 œufs
- 100 g de beurre fondu
- Le zeste et le jus de 1 citron
- 150 g de sucre en poudre
- 1 pincée de sel
- 300 g de farine T45 tamisée
- 1 sachet de levure chimique

Retirez la cuve de la machine et placez la pale de pétrissage.

Battez les œufs en omelette et versez-les dans la cuve. Ajoutez le beurre, le zeste et le jus du citron, le sucre, le sel, la farine et la levure.

Programmez la machine : sélectionnez le programme « Gâteau ou Pain rapide » et appuyez sur la touche START.

À la fin du programme, démoulez immédiatement sur un plat.

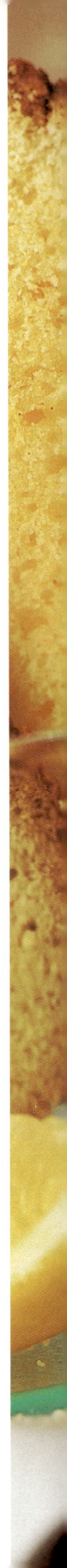

# Cake à l’orange

## Ingrédients

- 3 œufs
- 100 g de beurre fondu
- Le zeste de 1/2 orange
- Le jus de 1 orange
- 150 g de sucre en poudre
- 1 pincée de sel
- 300 g de farine T45 tamisée
- 1 sachet de levure chimique
- 40 g d’orange confite

Retirez la cuve de la machine et placez la pale de pétrissage.

Battez les œufs en omelette et versez-les dans la cuve. Ajoutez le beurre, le zeste et le jus d’orange, le sucre, le sel, la farine et la levure.

Programmez la machine : sélectionnez le programme « Gâteau ou Pain rapide » et appuyez sur la touche START.

Roulez l’orange confite dans un peu de farine.

Ajoutez-la 8 minutes avant la fin du pétrissage.

À la fin du programme, démoulez immédiatement sur un plat.

# Cake au chocolat

## Ingrédients

- 3 œufs
- 100 g de beurre fondu
- 150 g de chocolat noir fondu
- 150 g de sucre en poudre
- 1 pincée de sel
- 300 g de farine T45 tamisée
- 1 sachet de levure chimique

Retirez la cuve de la machine et placez la pale de pétrissage.

Battez les œufs en omelette et versez-les dans la cuve. Ajoutez le beurre, le chocolat, le sucre, le sel, la farine et la levure.

Programmez la machine : sélectionnez le programme « Gâteau ou Pain rapide » et appuyez sur la touche START.

À la fin du programme, démoulez immédiatement sur un plat.

# Cake aux amandes et aux framboises

## Ingrédients

- 3 œufs
- 100 g de beurre fondu
- 80 g de poudre d'amande
- 150 g de sucre en poudre
- 1 pincée de sel
- 300 g de farine T45 tamisée
- 1 sachet de levure chimique
- 50 g de framboises
- 50 g d'amandes effilées

Retirez la cuve de la machine et placez la pale de pétrissage.

Battez les œufs en omelette et versez-les dans la cuve. Ajoutez le beurre, la poudre d'amande, le sucre, le sel, la farine et la levure.

Programmez la machine : sélectionnez le programme « Gâteau ou Pain rapide » et appuyez sur la touche START.

Roulez les framboises dans un peu de farine.

Ajoutez les framboises et les amandes effilées 8 minutes avant la fin du pétrissage.

À la fin du programme, démoulez immédiatement sur un plat.

# Cake à la vanille et au chocolat

## Ingrédients

- 3 œufs
- 100 g de beurre fondu
- 1 cuillerée à café d'extrait de vanille liquide
- 1 cuillerée à café de vanille en poudre
- 150 g de sucre en poudre
- 1 pincée de sel
- 300 g de farine T45 tamisée
- 1 sachet de levure chimique
- 70 g de pépites de chocolat (congelées la veille)

Retirez la cuve de la machine et placez la pale de pétrissage.

Battez les œufs en omelette et versez-les dans la cuve. Ajoutez le beurre, la vanille liquide et en poudre, le sucre, le sel, la farine et la levure.

Programmez la machine : sélectionnez le programme « Gâteau ou Pain rapide » et appuyez sur la touche START.

Ajoutez les pépites de chocolat 8 minutes avant la fin du pétrissage.

À la fin du programme, démoulez immédiatement sur un plat.

# CONFITURES

# Confiture oranges/citrons

## Ingrédients

- 6 oranges à jus
- 3 citrons
- 10 cl d'eau
- Sucre avec gélifiant

Retirez la cuve de la machine et placez la pale de pétrissage.

Pressez les oranges et les citrons et pesez le jus obtenu mêlé à 10 cl d'eau. Pesez le même poids en sucre avec gélifiant.

Versez dans la cuve le mélange liquide et le sucre.

Programmez la machine : sélectionnez le programme « Confiture » et appuyez sur la touche START.

À la fin du programme, versez délicatement la confiture dans des pots propres et stérilisés, fermez les couvercles immédiatement et posez les pots à l'envers. Laissez refroidir dans cette position.

# Confiture de figues au thé

## Ingrédients

- 10 cl d'eau
- 1 cuillerée à café de thé au jasmin à infuser
- 500 g de figues fraîches
- 600 g de sucre avec gélifiant

Retirez la cuve de la machine et placez la pale de pétrissage.

Faites chauffer 10 cl d'eau et laissez infuser le thé, il doit être très fort. Filtrez-le.

Coupez les figues en quatre, placez-les dans la cuve avec le sucre et le thé infusé.

Programmez la machine : sélectionnez le programme « Confiture » et appuyez sur la touche START.

À la fin du programme, versez délicatement la confiture dans des pots propres et stérilisés, fermez les couvercles immédiatement et posez les pots à l'envers. Laissez refroidir dans cette position.

# Confiture de rhubarbe

## Ingrédients

- 500 g de rhubarbe
- 500 g de sucre avec gélifiant
- 1 cuillerée à soupe de jus de citron

Retirez la cuve de la machine et placez la pale de pétrissage.

Coupez la rhubarbe en petits tronçons en enlevant les plus gros fils.

Dans la cuve, placez la rhubarbe, le sucre et le jus de citron.

Programmez la machine : sélectionnez le programme « Confiture » et appuyez sur la touche START.

À la fin du programme, versez délicatement la confiture dans des pots propres et stérilisés, fermez les couvercles immédiatement et posez les pots à l'envers. Laissez refroidir dans cette position.

# Confiture de poires à la vanille

### Ingrédients

- 500 g de poires
- 2 gousses de vanille
- 500 g de sucre avec gélifiant
- 1 cuillerée à soupe de jus de citron

Retirez la cuve de la machine et placez la pale de pétrissage.

Pelez et coupez les poires en petits morceaux. Coupez les gousses de vanille en deux, puis fendez-les.

Placez dans la cuve les poires, le sucre, la vanille et le jus de citron.

Programmez la machine : sélectionnez le programme « Confiture » et appuyez sur la touche START.

À la fin du programme, versez délicatement la confiture dans des pots propres et stérilisés, fermez les couvercles immédiatement et posez les pots à l'envers. Laissez refroidir dans cette position.

# Confiture de pêches et framboises

**Ingrédients**

- **400 g de pêches blanches**
- **100 g de framboises**
- **500 g de sucre avec gélifiant**
- **1 cuillerée à soupe de jus de citron**

Retirez la cuve de la machine et placez la pale de pétrissage.

Pelez et coupez les pêches en petits morceaux.

Placez dans la cuve les pêches coupées, les framboises, le sucre et le jus de citron.

Programmez la machine : sélectionnez le programme « Confiture » et appuyez sur la touche START.

À la fin du programme, versez délicatement la confiture dans des pots propres et stérilisés, fermez les couvercles immédiatement et posez les pots à l'envers. Laissez refroidir dans cette position.

# Confiture de pastèque

## Ingrédients

- 500 g de pastèque
- 500 g de sucre avec gélifiant
- 1 cuillerée à soupe de jus de citron

Retirez la cuve de la machine et placez la pale de pétrissage.

Coupez la pastèque en petits morceaux et épépinez-la.

Placez dans la cuve la pastèque coupée, le sucre et le jus de citron.

Programmez la machine : sélectionnez le programme « Confiture » et appuyez sur la touche START.

À la fin du programme, versez délicatement la confiture dans des pots propres et stérilisés, fermez les couvercles immédiatement et posez les pots à l'envers. Laissez refroidir dans cette position.

Conception graphique et mise en pages : Delphine Delastre


N° d'édition : L.01EPMNFT1507.C010
Dépôt légal : mars 2006
www.editions.flammarion.com

Achevé d'imprimer en France en décembre 2008
par Pollina, 85400 Luçon - n° L48928